AF107311

www.ingramcontent.com/pod-product-compliance
Lightning Source LLC
LaVergne TN
LVHW010346070526
838199LV00065B/5799

* 9 7 8 9 3 5 8 7 2 7 7 7 7 *

گلشن گلشن

(مجموعہ کلام)

پریم پال اشک

© Prem Pal Ashk
Gulshan Gulshan *(Poetry)*
by: Prem Pal Ashk
Edition: October '2024
Publisher :
Taemeer Publications LLC (Michigan, USA / Hyderabad, India)

ISBN 978-93-5872-777-7

© پریم پال اشک

گلشن گلشن (مجموعہ کلام)	:	کتاب
پریم پال اشک	:	مصنف
شاعری	:	صنف
تعمیر پبلی کیشنز (حیدرآباد، انڈیا)	:	ناشر
۲۰۲۴ء	:	سالِ اشاعت
۱۲۸	:	صفحات
تعمیر ویب ڈیزائن	:	سرورق ڈیزائن

گلشن گلشن

(مجموعہ کلام)

پریم پال اشک

رنگ و بو ﷽

پھول کھلے ہیں گلشن گلشن

لیکن اپنا اپنا دامن

(جگرؔ)

9

○

تیرے خیال کی خوشبو سے ہم دل مہکائے پھرتے ہیں

ہم دیوانے یادوں کی بارات سجائے پھرتے ہیں

کس نے دیکھا کس نے پوچھا کہ حال فقیروں کا

کل تک آنکھ ملانے والے آنکھ چرائے پھرتے ہیں

وقت کا دھارا وقت کا طوفاں میں نے دیکھا تو کبھی دیکھ

کل کے راجہ رنگ بستے جھولی پھیلائے پھرتے ہیں

کمبختی دل نے دنیا بھر میں چھیل کی آگ لگائی ہے

حرم کے بندے خوابیوں کے بازار سجائے پھرتے ہیں

ایک سے آنسو، ایک سی آہیں کون ہے راجہ کون فقیر!

ہم تو اپنے دل کو اب تک یہ سمجھائے پھرتے ہیں

غم کی بھیک دے تو کیسے غم ہیں کم غم خوار بہت

اک مدت سے بات یہ اپنے دل میں چھپلے پھرتے ہیں

آہ لیوں پہ اشک آنکھوں میں یہ اپنا سرمایہ ہے

روز ازل سے ہم تو اسے سینے سے لگائے پھرتے ہیں

O

بت خانے ہوا باندھے پھرتے

افسانے ہوا باندھے پھرتے !

فرزانے ہوا کا رخ دیکھیں

دیوانے ہوا باندھے پھرتے !

ہیں دیر و حرم ویراں ویراں

مے خانے ہوا باندھے پھرتے !

جل جل کے شمع کی ہستی مٹی

پروانے ہوا باندھے پھرتے !

دہ مست نگاہی کیا کہنا !

پیمانے ہوا باندھے پھرتے !

دو اشک سے عالم میں ہلچل

غم خانے ہوا باندھے پھرتے !

۱۱

تین پتے

ایک پتّہ

زرد سیہ کھاؤ دوبخیا یا ساپتّہ

خاک میں لپٹا ہوا تھا

دوسرے دلن

میں نے دیکھا

ایک اک ریشہ ہوا تھا خاک آخر

اور اک چھوٹا سا ٹکڑا

اڑ رہا تھا

دھول میں رہ رہ کے جو مجھ کو دکھائی دے رہا تھا

ایک پتّہ

ذرّہ آوارہ سا پتّہ

گر پڑا ہے

ٹوٹ کر نیچے زمین پر

ایک جھونکا

لے گیا اُس کو اڑا کر

ایک نالی میں اُسے لا

پھینک ڈالا

ایک ریلا آ گیا پانی کا آخر

لے گیا اُس کو بہا کر

ساتھ اپنے

ہو رہا ہے یک بیک آنکھوں سے اوجھل

۱۳

ایک پتّہ

سبز اور ننھا سا پتّہ

لہلہاتا ہے فضا میں

جب کبھی جھونکا ہوا کا سرسراۓ

ناچتا ہے

جھومتا ہے

شاخ پہ رہ رہ کے دیوانوں کی مانند

ہے مگر تنہا ۔ فقط ۔ تنہا ۔ بیچارا

⭕

کھلتے کا ہر قدم پہ اب کبھرا کیا!	ہماری کیا حقیقت اور ہم کیا!
سجلا اپنی نظر میں جام جم کیا!	ہمیں جام سفالیں نین ایاں
مگر کھایا کسی انسان کا غم کیا!	فلک پر لعل تو دی ہیں کمندیں
نکالے گا کہ نئی زلفوں کے خم کیا!	ہوس کی گرم بازاری نہ پوچھو

فقط دو اشک آنکھوں سے گرا کر

ہمارے حال پہ ہو گا کرم کیا؟

۱۵

○

آنکھیں موند کے چلنے والے اب تو آنکھیں کھول کے چل

ڈگر ڈگر پر کنکر بکھرے گر جائے گا منہ کے بل

وقت نہ دھارا وقت کا طوفاں رُک کے سے کب رکتا ہے

حال سمے کی چال جلدی سے کس نے دیکھا اگلا پل

رنگ محل میں رہنے والا در در ہانک ۔۔۔ لگاتا ہے

در در ہانک لگانے والا جا بیٹھا ہے رنگ محل

چیز وہی نت نئے ہیں سانچے شکل بدلتی جاتی ہے

ہر من پیا ! ہوتا ہے تو نئے نئے سانچوں میں ڈھل

اصل اور نقل یہ فرق اگر کچھ ہے تو بس اتنا ہی ہے

پانہ سونا گھر رہتا ہے بکنے لگتا ہے متل

میرے پاس تو اشک ہیں کچھ بول جن کی قیمت خاک نہیں

تیرے پاس ہیں ہیرے موتی جینے کا کچھ سوچ لے حل

○

دیوانے تجھے اس دُنیا میں جینے کی سزا ہی کافی ہے

دو گھونٹ لہو کے چپکے سے پینے کی سزا ہی کافی ہے

تم مجھ کو جھوٹ یا سچ جانو خوابوں کا مسیحا کوئی نہیں

اس دنیا میں اب گھٹ گھٹ کر جینے کی سزا ہی کافی ہے

کل تک تو چیختے پھرتے تھے ہاں کھوئے کھوئے رہتے ہو

ہنسنے کے جرم میں ہونٹوں کو سینے کی سزا ہی کافی ہے

دو اشکؔ تمہیں جن کے میرے پر دل احچھلا احچھلا پھرتا تھا

جینا ہے اگر تو خون جگر پینے کی سزا ہی کافی ہے

میں

بوٹی بوٹی خواہ میری چیلیں کوّے نوچ لیں

مجھ کو چاہے کوئی دیواروں میں زندہ گاڑ دے

گولیوں سے جسم ہوتا ہے مرا چھلنی تو ہو

خون گلیوں میں مرا بہتا ہے تو بہتا رہے

نذرِ آتش کیوں نہ ہو جاؤں مرا بازار میں

کوڑے کھا کر میں چاہے دم ہی اپنا توڑ دوں

حلق سے میری زباں تک خواہ کھینچوائے کوئی

میں وہ دریا ہی نہیں جو اپنا دھارا موڑ لوں

میں ازل سے کھیلتا   آیا ہوں دھن دولت کے باگ

میں اگر چاہوں کلائی سیم و زر کی موڑ دوں

میں ملکوں پر بیچتا پھرتا نہیں اپنا ضمیر

میں زر و دولت کی دنیا را کھ کرکے چھوڑ دوں

آ ہی میرے ارادے ڈولے میرے جواں

دوستوں کی نکتہ چینی سے میں کوسوں دور ہوں

نبض اپنی ہاتھ میں اپنے لئے بیٹھا ہوں میں

یعنی خوددراری کے لافانی نشے میں چور ہوں

اے وطن میں نوچ لوں گا سب تری آنکھوں کے خار

میں نہیں وہ اشک ساری عمر جو گرتا رہا

تیری مشکل ہوگی اب آسان سے آسان تر

میں گہر ہوں ماور ہندوستاں کے تاج کا

۱۹

○

دل کی دھڑکن سن کر پیارے کس کو پڑی ہے اشک گرائے!

سب کو اپنا اپنا دھڑکا، کون کسی کا درد بٹائے

ساقی اپنا، ساغر اپنا، بادہ کیا، ہے مئے خانہ اپنا

لیکن رند کی قسمت دیکھو آج ہی پینے سے رہ جلے

دھن والے تو اس دنیا میں جیون کا سکھ کھو گ رہے ہیں

نردھن آس کے دیپ جلا کر اپنا جیون سورگ بنائے

کبھیں بدل کر روپ بدل کر تم نے کیسے تھیلنا سیکھا!

لاکھوں دھوکے کھا کر کبھی ہم اس منزل تک پہنچ نہ پائے

تم تو ہیرے موتی کھو کر اور ہزاروں لے سکتے ہو

لیکن میرا حال تو دیکھو جس نے اپنے اشک لٹائے

حسن

چل پڑی انگڑائیاں کرتی ہوئی بادِ نسیم
اک کلی غنچہ بنی، غنچہ چٹک کر گل بنا
عود بخود کرنے لگا ۔ وہ اپنے خالق کی ثنا
ذرّے ذرّے کو جگانے آئی گلشن میں نسیم
ڈالی ڈالی خود بخود دیتی ہے مستی کا پیام
مہر شگوفے کا کوئی چپکے سے آ کر دھو گیا
پتہ پتہ خود بخود ہی کھوکے کچھ پانے لگا
بوٹے بوٹے نے تہارا اپنا حسن نا تمام
ایک تِتلی کر رہی ہے آ کے سوسن سے سوال
آنکھ موندے سو رہا ہے آج نرگس کا شعور
مہتیا چمپا چنبیلی اپنی دنیا سے ہیں دور
اے سکھی مجھ کو بتا دے حسن کا کیا ہے مآل
پھول کی پتی پہ دیکھا میں نے شبنم کا شباب
لے اڑا سرخی سفیدی صبح نو کا آفتاب

عشق

عقل کی جملہ حدوں کو پار کرتا ہے جنوں

جب کوئی تنہائی کا دامن پکڑنا سیکھ لے

آئینے کے سامنے آکر سنور نا سیکھ لے

درحقیقت دل کی دنیا ہرنے لگتا ہے جنوں

دل کے اک چھوٹے سے کونے سے اٹھا ہلکا سا درد

خواب کی دنیا بسانے لگ گیا حرماں نصیب

خود بخود خود کو بھلانے لگ گیا حرماں نصیب

ہاں فریب آرزو سے ہو گیا چہرہ بھی زرد

سوتے سوتے چونک پڑ نیند گیا آخرا صول

رات ساری کٹ گئی اختر شماری میں ندیم

رات تو کیا دن بھی گزرا بے قراری میں ندیم

عشق نے سب کر لئے ہیں تیقسے آخر وصول

چھپ گئی صحرا نوردی اب کہاں سودا و زباں؟

صرت اَنا الحق مہور ہا ہے آج کل ورد زباں

گیت

آیا ہے بھونچال

مسافر

آیا ہے بھونچال

قدم قدم پر حسن کا سودا ہوتا ہے سرکار

گیت بھی ایسے کیلئے نہ دیکھیے جیسے بکنا پیار

اپنا آپ سنبھال

مسافر

اپنا آپ سنبھال

آیا ہے بھونچال

۲۳

امن کے نام پہ اس دنیا میں ہوتی دیکھی جنگ

دیا دھرم کے نام سے اب تو دنیا بھی ہے تنگ

ناچ رہا ہے کال

مسافر

ناچ رہا ہے کال

آیا ہے بھونچال

ندی کنارے بجلے بیٹھے کرتے دیکھے جاپ

پر بھو کی مایا بڑی نرالی دُھل گئے سارے پاپ

ڈول رہا پاتال

مسافر

ڈول رہا پاتال

آیا ہے بھونچال

اے رس ونتی !

نشیلے مدھرے بھرے نینوں کا جادو چل گیا آخر

تری بھولی ادائیں دل پہ بجلی سی گراتی ہیں

سلونی سانولی صورت نے دل کا چین لوٹا ہے

لگاوٹ باز نظریں دل کا افسانہ سناتی ہیں

مری آواز میں پنہاں مدھر سنگیت جھرنوں کا

تری باتیں محبت کے نئے جادو جگاتی ہیں

رسیلے ہونٹ تیرے دیکھ کر اے میری رس ونتی

میں رنج کہتا ہوں کلیاں مسکراتی کھول جاتی ہیں

ہوا ہے آج پہلی مرتبہ احساس یہ مجھ کو

تہے بن جانِ جاں تنہائیاں کھانے کو آتی ہیں

محبت کے فقط دو اشک آنکھوں سے گرا یا ہوں

تری یادیں خیالوں میں مرے جب مسکراتی ہیں

بہار

بہار آئی تو چمن کا ذرّہ ذرّہ مسکرا اٹھا

خزاں نے پر سمیٹے خیر مقدم ہے بہاروں کا

گلوں کا ہر تبسم کھینچتا ہے دل نظاروں کا

چمن مہکا خوشی سے پتّہ پتّہ کھلکھلا اٹھا

کلی کے ساتھ جھونورے نے بھی لہجہ پورانگڑا ئی

دہشت تا نے ہوئے مدہست یعنی کام دیوا یا

گگن منڈل لہک اٹھا، فضا نے نور برسا یا

عجب نیّور سے حسن وعشنت پر دیو اٹھی چھائی

بسنت آیا ہر شہر مل مل نگاہیں راہ تکتی ہیں

بسنتی رنگ میں ڈوبی ہوئی ہے زندگی ساری

وصال یار کا پرتو غم فرقت پہ ہے کار ی

دریچوں میں ہزاروں سردا ہیں راہ تکتی ہیں

خزاں کے نام سے احساس کا دم گھٹ نہیں سکتا

کسی منزل پہ دل کا کارواں ابٹ نہیں سکتا

گیت

ست گرو تیری اوٹ

لالہ جی نے ہیرا پھیری کرکے محل بنایا

پنڈت جی نے چندے کھا کر گلاں کا پاٹھ پڑھایا

ڈیرے: ڈیرے بولو درّہ دل پیسے لگے گی چوٹ ۔ ست گرو...

دھرتا کرم کا ٹھیکے کر ملّا بانگ لگائے

گردوارے بیٹھے کے سجائی حلوہ ماندہ کھائے

ہائے پڑوسی بھوکوں مرتا پیسے کا ہے جوٹ ۔ ست گرو...

نیتا جی نے پانچ برس تک چپّی خوب لگائی

سر پر بنیا آن پڑی جب گھر گھر الکھ جگائی

میں لہوں آ پکا سچا سیوک ووٹ مجھے دو ووٹ ۔ ست گرو...

اپنی بچا شائیں بجا دوں صاف صاف دریا بات

ہم نے دن کو دن سمجھا بٹھا لیکن نکلی رات

پانسہ سونا سمجھا جس کو اس میں نکلا کھوٹ

ست گرو تیری اوٹ

گیت

رگھوپتی راگھو راجا رام

دنیا کو مطلب سے کام

رگھوپتی راگھو راجا رام

دنیا جس کو من سمجھتی اُس کا نام ہے پاپ

پاپ ہے جس کو سمجھا جاتا اُس میں کھپتے آپ

کچھ ہے درشن کچھ ہے نام

رگھوپتی راگھو راجا رام

مندر دیکھا، مسجد دیکھی دیکھا گردوارا
جو تی چور زمانہ سارا کس کو رام ہے پیارا
دیکھا بھالا سب کا کام
رگھو پتی راگھو راجا رام

کر سی مانس سے کہتی ہے میرا بول ہے بالا
میرے ہوتے کون ہے تجھ سے آنکھ ملانے والا
جیسی کرسی ویسا نام
رگھو پتی راگھو راجا رام

پیتل کو پیتل کہتے سے نہیں بنے گی بات
اس دنیا میں جینا ہے تو دن کو سمجھے رات
کھوٹے سکے کھوٹے دام
رگھو پتی راگھو راجا رام

۳۶

کہوں کیا تجھ کو...

کہوں کیا تجھ کو اے دیوی بہن ماں یا کہ میں مٹی
ترے سر پر ہمالہ کا ملک چرنوں میں ہے گنگا
ترستے ہیں چرن چھونے کی خاطر دیوتا تک بھی

جوانی تجھ میں ہے بنگال کی اور حسن کشمیری
ہے تجھ میں آبرو دیو تُر کی مدراس کی تھرکن
ہے دلِ پنجاب کا تو اور او دہ سعدی تجھ میں ہو شنائی

جوانی تجھ کو روزِ حشر تک جھولا جھلائے گی
دھلی ہے نور کے سانچے میں تو اے حسن کی دیوی
عدو کو تو اجل تک ناچ نگنی کا نچائے گی

حقیقت میں ترے ماتھے کا جھومر ہے نقطا دتی
ہے متھرا ناک کی نتھ اور کاشی آرسی تیری
اجنتا اور الورا تو ہے تیرے ہاتھ کی چوڑی

تو روتی ہے تو تیری آنکھ سے موتی چھلکتے ہیں
تری پازیب کی جھنکار پر ہر اک موہت ہے
تو ہنستی ہے تو ہر دم تیرے منہ سے پھول جھڑتے ہیں

اگر تو خوش ہے تو دنیا خوشی سے جھوم جاتی ہے
تجھی میں لکشمی کا باس تو ہی سرستی پنڈری
اگر تیری نظر بدلے تو ہر شے گھوم جاتی ہے

تجھی نے رام جیسے دیوتاؤں کو کیا پیدا
تیری منی میں کھیلے، کرشن، بدھ، ہیگورا اور نانک بھی
تری ہی کوکھ سے پیدا ہوئے پرتاپ سے یودھا

ہزاروں بار تیری چوڑیاں توڑی گئیں آخر
عدو نے مانگ کا سیندور لاکھوں بار ہے پونچھا
تری عصمت سے اکثر کھیلتے تھے ان گنت تاجر

جو تیرے حال پر ریا وہ بیٹے بھی نہ دشمن پر
جو ان لوٹ لی تری ہر اک ظالم لٹیرے نے
بہی تجھی خون کی ندی، مگر خالی نقذا پھر کھپت

۳۱

تیرے مکھ پہ بنتے سہرے سے جوانی کی کرن پھوٹی
غلامی کا اندھیرا چھٹ گیا بند من کٹے سلاسل
ہوئے وہ دھوا سہاگن اور قدرت پر رگئی چھوٹی

تیرے ہی فیض سے چل رہا ہے میرا بھی نظام یہ
نہ آیا کام تیرے جو مرا کس کام کا جینا
مری ہستی تیرے دم ہی سے قائم ہے زمانے میں

۲

○

عشق کی گود میں بندگی سو گئی   حسن کی گود میں بے رخی سو گئی

دور چلتا رہا تشنگی سو گئی   سے کدے میں نہ ٹوٹا کسی کا بھرم

تیرگی جاگ اٹھی، روشنی سو گئی   موت نے اپنا جادو چلایا ہی تھا

ساز بجنار ہا نغمئی سو گئی   وقت کے ساز پہ تان چھیڑی ہی تھی

رہبروں کی مگر رہبری سو گئی   کارواں تو سرِ راہ تکتے رہے

موت کی نبض پر زندگی سو گئی   شمع جلنے لگی خاک اُڑنے لگی

غم سے آخر لپٹ کر خوشی سو گئی   چاند ڈھلتا گیا رات گھٹتی گئی

ہم تکلف کے مارے ہیے بے خبر

تمکنت جاگ اٹھی، سادگی سو گئی

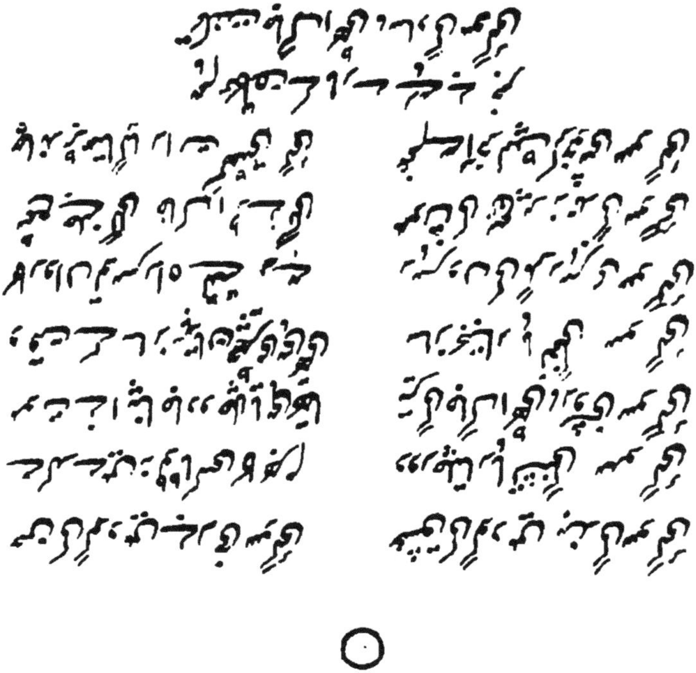

○

تمہاری بے رُخی نے رنگ آخر کچھ تو دکھلایا

کسی کو رکھ کے پھولوں میں ہمیں کانٹوں میں تلوایا

جہاں میں ہاتھ پھیلانے کے بھی انداز ہوتے ہیں

ہمیں اب تک گدائی کا سلیقہ ہی نہیں آیا

محبت جس کو ہوتی ہے وہ منہ دیکھے کی ہوتی ہے

غضب ہے مجھ پہ میں اس عشق پرایا بار لے آیا

خلوص اور راستی میں کیا پڑا ہے چھوڑ دیوانے

عبث نے مجھ کو حق کی راہ سے بے طرح بھٹکایا

وہ نکلے اشک سے جن کو گوہر نایاب سمجھے تھے

بھرم ٹوٹا تو دیکھا ایک دھوکا اور بھی کھایا

شعر سننے ...

اگر روتی ہے شبنم زندگی بھر

تو پھولوں پر کوئی احسان نہیں ہے

○

حسن کی فطرت میں پنہاں عشوہ و نازو ادا

عشق کی فطرت میں پنہاں سینکڑوں عجز و نیاز

○

ہو گئیں خیرہ نگاہیں نور سے   دل کی دنیا میں اندھیرا ہی رہا

○

بڑھتے سورج کو ہر کوئی پانی دینے آتا ہے

ڈوب چکے تو کون ہے ماں کا پوت جو آنکھ ملاتا ہے

○

نہایت غور سے سنتا ہوں لوگوں کی پوشیدہ افسانے

اگر اندیشے نہ ہوں آنکھوں کی دنیا تند کیا جانے

○

اگر ہر اشک اپنی آن رکھے   تو گرنا آنکھ سے آساں نہیں ہے

۳۵

پیاس

زمانے میں ہمیشہ تشنگی ہی کام آتی ہے
اسی سے آبروئے میکدہ کی آب ہے قائم
اسی کے دم سے سرشاری بے خودی ہے دائم
اسی سے رند کی رندی بھی رنگیں جام پاتی ہے

عبادت رنگ میں ہیں آئے سدا تشنہ لبی ہی سے
اسی کے دم سے حسنِ معرفت بھی ہوتا ہے حاصل
اسی سے فیض پاتے ہیں زمانے کے سبھی واصل
بلمِ مشہود اور شاہد ہمیشہ تشنگی ہی سے

اسی کی کیفیت سے دل پہ آتا ہے سماں جو بن
اسی کے دم سے رنگیں تتلیاں پھولوں پہ مرتی ہیں
اسی پر حسن والوں کی ادائیں رقص کرتی ہیں
اسی سے عشق والوں کے کٹے ہیں سب کرے بندھن

بجھا دی پیاس ہی تونے تو کیا ہے مرا ساقی
نہ مرنے کی تمنا ہے نہ جینے کی ہوس باقی

گیت

ہم لوگ جہاں بھر کی تقدیر بدل دیں گے

ہم لوگ ۔۔۔

ہم لوگ ہر اک غم کی تعبیر بدل دیں گے

ہم لوگ ۔۔۔

ہم امن کے خواہاں ہیں ہم جنگ نہیں کرتے

مجبور و پریشاں کو ہم تنگ نہیں کرتے

دنیا کو مٹانے سے ہم دھنگ نہیں کرتے

ہم لوگ ۔۔۔

دنیا کو مٹانے کی تدبیر بدل دیں گے

ہم لوگ

ہم لوگ جہاں بھر کی تقدیر بدل دیں گے

ہم لوگ ۔۔۔

۳۷

ہم ملزم کے بندے ہیں کچھ کرکے دکھائیں گے
چاہیں گے تو دھرتی پر آسمان جھکائیں گے
دشمن کے مارا دوں کو مٹی میں ملائیں گے

ہم لوگ ...
ہم آج ہواؤں کی تاثیر بدل دیں گے
ہم لوگ ...
ہم لوگ جہاں بھر کی تقدیر بدل دیں گے
ہم لوگ ...

آواز دل کی

ہم اخوت کے پجاری ہم محبت کے غلام

دوستی کا کچھ ہمیں سے ہے جہاں بھر میں بھرم

مظہرِ حق ہیں ہمارے واسطے دیر و حرم

ہم اہنسا کے ہیں رسیا، آشتی کے ہم امام

انکساری اپنا مسلک عاجزی اپنا شعار

دوستوں سے دوستی کر کے دکھا دیتے ہیں ہم

دوستی کے نام پر خود کو مٹا دیتے ہیں ہم

ہر تکلف اور تصنع سے ہمیں ہوتا ہے عار

ناتوانوں کے ہیں رکھ رکھ، حق پرستوں کے میں پاس

ظلم و استبداد کو جڑ سے مٹا دیتے ہیں ہم

دشمنوں کو دن ہی میں تارے دکھا دیتے ہیں ہم

ہے خفیفوں اور ضعیفوں کو ہمارے دم سے آس

کبر و نخوت کی کلائی موڑتے آئے ہیں ہم

بغض و نفرت کا ہے ملتا ہے ہمارے دم سے دم

O

کاٹ دوں گا پھول کی پتی سے میرے کا جگر

اوٰ ہیں تیری نظر ہے آخری میری نظر

قہقہوں کے بوجھ سے سینہ ترا پھٹ جائے گا

کام آئیں گے ترے آنسو انہیں آنکھوں میں بھر

قوّت پرواز تجھ سے چھین گئی تو کیا ہوا؟

رکھ بلندی پر نظر اے طائرِ بے بال و پر

مجھ تو بہت کچھ ہے

اِک تیرے تبسّم پہ
کلیوں نے لی انگڑائی
اِک تیرے تکلّم سے
غنچوں نے چٹک سیکھی
اِک تیری ادا ہی سے
پھولوں میں مہک آئی
تیرے ہی اشاروں سے
کانٹے بھی بنیں کلیاں

O

کلیوں سے محبت ہے
غنچوں سے مروّت ہے
پھولوں سے اخوت ہے
دو دن کی بہاریں ہیں

۴۲

تو روپ کی گنگا ہے
تو رنگ کی جمنا ہے
دیوانے کے سپنے ہیں
سپنوں کی حقیقت کیا

○

یہ حسن یہ رنگینی
اِس تیرے تبسم کی
اِس تیرے تکلم کی
اِن تیری اداؤں میں
اِن تیری نگاہوں میں

اِس رُوپ کی گنگا میں
اِس رنگ کی جمنا میں
احساس کی دنیا ہے
سمجھو تو بہت کچھ ہے
دیکھو تو نہیں کچھ بھی

گیت

بستی جلا دو

اندھکار کی بستی جلا دو

اندھیاروں میں جینے کا اب کام نہیں ہے

یہ بین آنسو پینے کا اب کام نہیں ہے

جوت جگا دو

اندھیارے میں جوت جگا دو

بستی جلا دو ...

اندھکار کی بستی جلا دو

محنت سے سب ڈر ڈر کے دے گی محنت روٹی

ہم وتقدیر کے مالک قسمت کہو نہ کھوٹی

آگ لگا دو

جیون میں اک آگ لگا دو

بستی جلا دو ...

اندھکار کی بستی جلا دو

۴۳

بیچے بیچے کو و و یادمن دل کے لیے گا
ایک نہ اک دن دل کا کنول بھی کھل کے رہیگا

راہ دکھا دو
انقلاب کی راہ دکھا دو
بستی جلا دو ۔۔۔
اندھکار کی بستی جلا دو

بھوک اور روگ سے تو اک دن یہ دہ مر کے رہیگا
ایک نہ ایک دن برسے گی سکھ چین کی برکھا

محل بنا دو
آشاؤں کے محل بنا دو
بستی جلا دو ۔۔۔
اندھکار کی بستی جلا دو

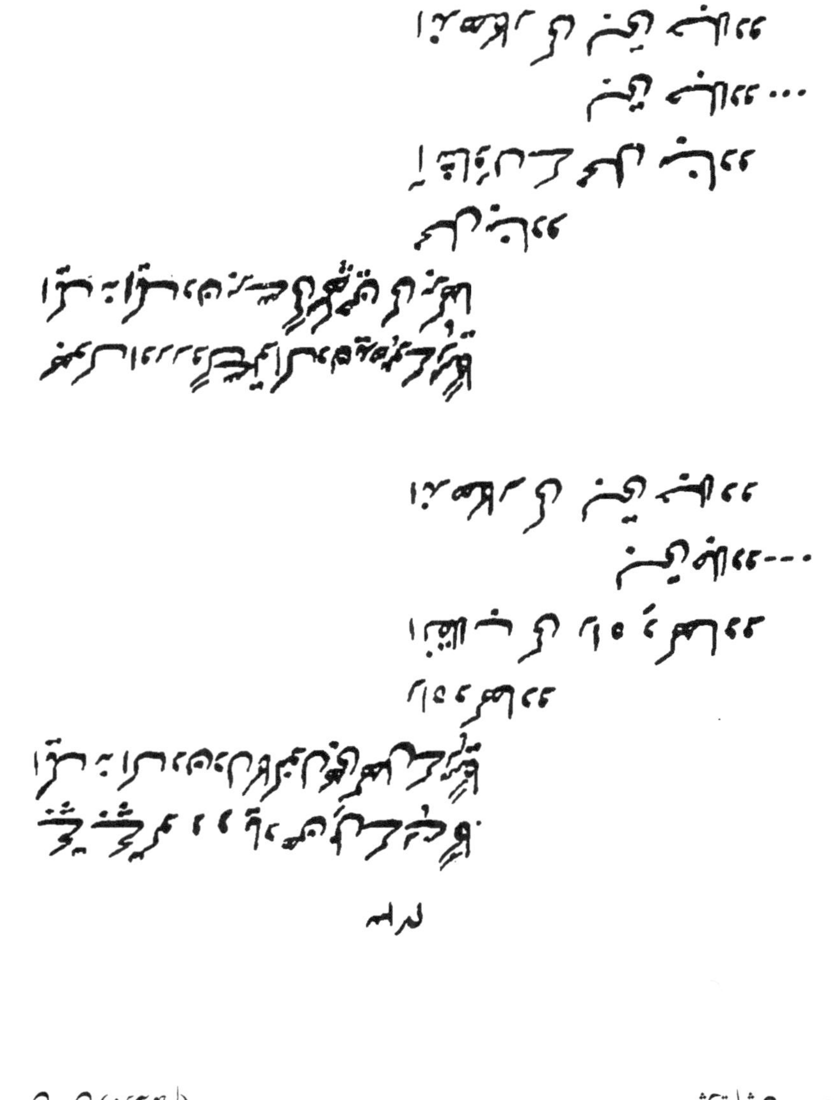

○

اے جانِ چمن تیرا ہے کرم شاخوں نے لچکنا سیکھ لیا

غنچوں نے چٹکنا سیکھ لیا شبنم نے دمکنا سیکھ لیا

کس منہ سے کہوں، ہو دل کا سکوں تم ہی سے تو دنیا بستی ہے

یہ جذبۂ محبت کا ہے، اثر، زلفوں نے مہکنا سیکھ لیا

انجام بھی سوچا ہے تو نے، کیا ہو گا تیرے دیوانے کا؟

آئینے کے سامنے آتے ہی تو نے تو سنورنا سیکھ لیا

پیتے ہی نگاہیں ساقی کی، اے خانہ ہی سارا جھوم اٹھا

پی پی کے بہکنا لازم تھا گر گر کے سنبھلنا سیکھ لیا

ہم درد کے ماروں کا آخر، جینا بھی بُرا، مرنا بھی بُرا

پھولوں میں کبھی رہ کے دیکھ لیا، کانٹوں پہ بھی چلنا سیکھ لیا

تو اشکؔ ہے یہ جاں نازِ نہ کر رفعت بھی مری پستی بھی مری

دل میں بھی تڑپنا سیکھ لیا، آنکھوں میں کھٹکنا سیکھ لیا

۴۵

بچے کا خط۔ اپنے باپ کے نام

میرے پاپا

پیارے پاپا

اک ہفتے کی بات ہے میں اسکول سے آیا

اماں بیٹھی

بلک رہی تھی

دادی

چھاتی کوٹ رہی تھی

بابا

دیواروں سے ٹکر مار رہے تھے

گھر میں نخوست برس رہی تھی

گلی محلے میں ہنگامہ مچا ہوا تھا

ماں نے جوں ہی دیکھا تو مجھ کو چھاتی سے فوراً ہی لگایا

اس کی آنکھوں سے جاری بھا ساون کھا دوں

آنکھیں

اُسکی

سوچ گئی تھیں روتے روتے

بال تھے

اُس کے

بکھرے بکھرے

اس کی صورت دیکھ کے مجھ کو

ڈر لگتا تھا

آخر

میں بھی

دیکھ کے اُس کو

رو اُٹھا تھا

منّو کی اماں بھی

بیٹھی

پلک رہی تھی

چنّو کی ماں کی آنکھوں میں بھی آنسو تھے

دیپو کی اماں نے مجھ کو

۴۷

گود میں لے کر
پیار کیا تھا
دس پیسے کا سکّہ دے کر
اس نے خیمہ کو
باہر بھیجا
پاپا
پاپا
مجھ کو تو یہ بات ذرا بھی
سمجھ نہ آئی
گھر میں اب تک
رونا دھونا
پیٹ جھلّا بڑا ہوا تھا
دس پیسے کا سکّہ لے کر
میں گھر سے بازار میں آیا
تین نئے پیسوں کے میں نے
دال سیویے کر کھائے تھے
بھوک کبھی مجھ کو

بہت لگی تھی

باقی پیسے

ڈال دیئے تھے میں نے اپنی گولک میں پھر

گولک میری بھری ہوئی تھی

پیسے ڈال کے

میں آیا پھر

گھر سے باہر

چھنو مجھ سے ذرا بڑا لہے

اس نے مجھ کو

یہ بتلایا

چین کے راجہ نے

بھارت پر کیا ہے حملہ

چینی

ڈاکو

چور لٹیرے

چڑھ آئے ہیں

اس دھرتی پر

تیرے

پاپا

اُن چینی چوروں کو گئے تھے

مارجگانے

لیکن

کھبیا

تیرے پاپا کو شتر ونے پہنا یا بھگوان کے گھر میں

جن کے پاپا

چلے جائیں بھگوان کے گھر میں

پھر وہ کبھی واپس نہیں آتے

میں یہ سن کر

ہو ہی گیا تھا

ہکا بکا

میرے من میں

دکھ کی اگنی بھڑ ک اٹھی ہے

چنتا کے گہرے ساگر میں

ڈوب گیا ہوں

اچھے پاپا

پیارے پاپا

تم تو اتنی دُور نکلے ہو

اب تم

واہ سے

واپس کیسے آ سکتے ہو؟

جن کے پاپا پا چلے جائیں بھگوان کے گھر میں

پھر وہ کبھی

واپس نہیں آتے

بولو

پاپا

مجھ کو پیار ملے گا

کس کا؟

پیسے کس سے مانگوں گا میں؟

کون مٹھائی لا کر دے گا؟

کون بسکٹ لا کر دے گا؟

کس کے آگے ضِد میں کروں گا؟

۵۱

کون اب مجھ سے لاڈ کرے گا؟

بولو

گھوڑا کون بنے گا؟

چینو سے میں پتہ پوچھ کر

یہ خط تم کو بھیج رہا ہوں

جلدی سے تم

اُتر دینا

ورنہ

میں بھی

پاس تمہارے آجاؤں گا

ہاں اِک بات بتانا تو میں بھول گیا تھا

میرے پاپا

پیارے پاپا

اپنی

گولک

چاچا نہرو کو میں جاکر دے آیا ہوں

میری گولک کا ہر پیسہ

گولی بن کر دشمن کی چھاتی پہ لگے گا

خون تو دینے

میں بھی گیا تھا

لیکن

پاپا

خون مرا

لے سکتے نہ تھے وہ

وہ کہتے تھے

میں ہوں ابھی تک چھوٹا

لیکن

پاپا

پاپا

جب میں ہووں گا

بڑا ذرا سا

پڑھ لکھ کر میں فوج میں بھرتی ہو جاؤں گا

اس دشمن کو

جس نے بھیجا

۵۳

تم جب سے بھگوان کے گھر میں

اس کو کبھی میں بھیجوں گا بھگوان کے گھر میں

میرے پاپا

پیارے پاپا

میں کبھی بنوں گا

بالکل تم سا

ویرپہا در

جیسے تم تھے

دیس کا اونچا نام کروں گا

دیس کی رکشا کرتے کرتے

آ جاؤں گا

میں کبھی پھر بھگوان کے گھر میں پاس تمہارے

اچھا پاپا

آتی ہے اب نندیا رانی

ٹاٹا ۔ ٹاٹا ۔ ٹاٹا ۔ ٹاٹا

⭕

ہنستا ہوں کبھی خود پہ میں تجھ کو نبھائے کے ساتھ
روتا ہوں کبھی خود پہ میں تجھ سے نبھائے کے ساتھ

تیری عنایتوں کا کرم مجھ پہ کم نہیں
تو نے جفا کبھی کی ہے تو حسنِ وفا کے ساتھ

آ ئیں ہزار مشکلیں لیکن خطر نہیں
جیتا ہوں اس جہاں میں قضا کو لگا کے ساتھ

سنگِ خدا پہ ڈالنے والے ذرا بتا
کشتی تیری چلے گی ہمیشہ ہوا کے ساتھ

عالم بتاؤں کیا تجھے کیف و نشاط کا !
گرتے ہیں اشک آنکھ سے لیکن ادا کے ساتھ

کنڈلیاں

چندن : جیسا سانو لاگوری تیرا روپ
خوشبو میں بس جلئے ہے اک اک انگ الوپ
اک اک انگ الوپ جلئے ہے خوشبو میں بس
مجھ کو اپنی لمبی لمبی بانہوں میں کس
کھیلنے سے کس جلئے ہوا ایسا پیارکا بندھن
ناگ لپٹ کر سوئے تو بن جا ایسا چندن

○

راجہ تخت پہ بیٹھا ہے کے سب سے لمنگے دان
سادھو ہانک لگائے ہے سب کا ہو کلیان
سب کا ہو کلیان یہ سا دھو ہانک لگائے
راجہ رنک میں، انتر کچھ بھی سمجھ نہ آئے
جنگل جنگل بستی بستی بجکے ہے با جیہ
کل کا راجہ رنک، آج کا رنک ہے راجہ

موتی ہنس نے چگ لئے ، بگلا پتھر کھائے
نر بل کابل دیکھ کے چھم چھم نیر بہائے
چھم چھم نیر بہائے دیکھ کے نر بل کابل
بھید پر نام ہری کا لیکن بھسیڑ ہے چھل
چلتی چکی دیکھ کے دنیا کیوں ہے روتی
دو پاٹن میں لپس جاتے ہیں کنکر موتی

○

دنیا ہنس کے نال وے پیار کی ہر اک بات
البیلوں کی بات کیا، ہنس کے گزاریں رات
ہنس کے گزاریں رات بات کیا البیلوں کی
پھیکی دنیا دیکھ کسی کو خوشی نہیں ہوتی
دھنک دھنک کی تال پہ گاتا تھا اک دھنیا
دنیا کی پرواہ نہ کر دور رنگی ہے دنیا

۵۷

دوہے

اِک نکتے پر ختم ہے، اپنی بات جناب
نقطے لو ہاتھ میں، چھوڑو سبھی حساب

دھرتی اپنی چھوڑ کر، پہنچے ہم آکاش
من اندھیارا ہو گیا تن پر پڑا پرکاش

دنیا مر گئی سبوک سے، سبوک مٹری بلوان
پیر پرائی چھوڑ دے خود کو تو پہچان

سوچ میں ڈوبے ہیں سبھی کون کرے کھیل
دنیا کیا ہے؟ سچ کہوں اکٹھ تتلی کا کھیل!!

شیش محل میں بیٹھ کر خود کو نہ تو بھرما
جتنا تیرا روپ ہے اتنا ہی اِترا

رادھا اپنے کرشن سے ایسے نینہہ لگائے
جیسے پھول کی گود میں شبنم گرتی جائے

بھولی سری بات کی یا دبکھرے لوں لگے
جیسے کوئی پردیسی، دھوپ میں بال سکھائے

بھوری

(یہ مرثیہ نما سانیٹ، مجھے اپنے گھر کی آیا بھوری کی یاد دلاتا رہے گا۔
بھوری بچپن میں مجھے کھلایا کرتی تھی)

مری بھوری زمانے کی طرح میں رو نہیں سکتا
کوئی آملا ہے جب، تیرے سگے جی بھر کے روتے ہیں
مگر تھک ہار کر وہ آخرش خاموش ہوتے ہیں
دکھاوے کے لئے اشکوں سے چہرہ دھو نہیں سکتا

جو دے دے آنسوؤں سے غسل ایسا ہے کوئی تیرا
تجھے آیا تھا غش پہ غش ! مرا تھا جب "زرا نانک!
نہ رو زنار ہتا آنسو خون کے ! ہوتا اگر نانک[1]!
بہت ہی ایسے کہتے ہیں جو اس کمال ہے میرا

---

[1] نانک بھوری کا خاوند تھا۔

RTL

۵۹

مری آنکھوں کے آگے پھرتا رہتا ہے ہر اک منظر

ترے ہاتھوں کی وہ نمکین روٹی یاد ہے اب تک

تری شفقت کی ہر گھر کی نہ جانے بھولوں گا کب تک

دکھاتی تھی مجھے ایلا بلّا کر اپنے کندھوں پر

اگر معلوم ہوتا تو میں عزرائیل سے کہتا

میری اماں کو رہنے دے انہیں تو مجھ کو ہی لے جا

_____

(۱) بچوری بچپن میں مجھے چنے، چوارے، جو اور ہادیے کی نمکین روٹی پکا کر کچے پیاز کے ساتھ کھلایا کرتی تھی۔ میں اس کی شفقت اور محبت بھری یاد ناب بھی بھلا نہیں پاتی۔ جب مسی کو تازہ کرنے کیلئے میں آج بھی کبھی کبھی بمہار گندم کی سوئی اور بازاری نمکین روٹی پیاز کے ساتھ کھایا کرتا ہوں۔

(۲) میجری نی مجھے دتی کے اجیرے ٹی بٹ پر لے جا کر رام لیلا کی جھانکیاں دکھایا کرتی تھی۔

گیت

آؤ سجنی

دیپ جلائیں

جھلمل جھلمل

تاروں کی بارات سجائیں

جھلمل جھلمل

آؤ سجنی دیپ جلائیں.....

اِک دیپک سے دُور اندھیرے ہو جلتے ہیں

پھیکے اُجالے کبھی کالک کو دھو جلتے ہیں

من کے اندھیرے دور ہٹائیں

جھلمل جھلمل

آؤ سجنی دیپ جلائیں

۹۱

آج اداوس ہو کے رہے گی پورن ماشی
من مندر میں آئیں گے سکھ کے ابناشی

من مندر کو آج سجائیں
جھلمل جھلمل
آؤ سجنی دیپ جلائیں...

دیپ کی لو سے جلنا سیکھیں سب کی خاطر
ہنستے ہنستے مرنا سیکھیں سب کی خاطر

یہ سندلیہ سب کو سنائیں
جھلمل جھلمل
آؤ سجنی دیپ جلائیں
جھلمل جھلمل

◯

پھولوں کا غم کر نے زیادہ

پھولوں کا ہوگا نہ افادہ

شیشۂ دل جب سنگ گراں ہو

جینے کا پھر کیا ہے افادہ

کل تو پیادہ شاہ بنا تھا

آج بنا ہے شاہ پیادہ

شیخ نے چھوڑی ظاہر داری

ابن الوقت کا کیا ہے ارادہ

آنکھوں سے دو اشک گرا کر

دل تو نہ ہو جائے گا کشادہ

۶۳

نوید نو

ایک نوید نو نے آ کر کھولی سوسن کی زباں
شادمانی کی رمق سے آ گیا نرگس میں نور
موتیا، چمپا، چنبیلی ہو گئے ہیں پُر سُرور
آج شبنم کی چمک ہے پتے پتے سے عیاں

قہقہوں کی پھلجھڑی سے جل گئے بجھتے چراغ
نور کی پچکاریاں ہر سو فضا میں چھٹ گئیں
دیکھتے ہی دیکھتے تاریکیاں سمٹ گئیں
مستیوں سے ہو گئے لبریز آنکھوں کے ایاغ

جا رہا ہے تو نئی منزل پر اے جانِ جگر
نور کی بارش ہی میں آنکھیں تری چُندھیا نہ جائیں
پاؤں تیرے گام اوّل پر نہ آ کر لڑکھڑائیں
دل کی جانب دے توجہ غفلت کی بھی لے خبر

زندگی کی تلخیوں کو خَتم بہ پیشانی سے بی
شان جینے کی بڑھا انداز سے جینے کہ جی

بوندوں کا مول

احساس ہوا اک دن
جانے یہ مجھے کیونکر
بوندوں کا بھی دنیا میں
کچھ مول پڑا ہوگا۔
ممکن نہ تھا ورنہ یہ
اک بوند ہی کیچڑ ہے
اک بوند ہی امرت ہے
اک بوند ہی دریا ہے
اک بوند ہی ساگر ہے
اک بوند ہے آنسو بھی
اک بوند ہے پارہ بھی
اک بوند ہے موتی بھی
اک بوند لہو بھی ہے

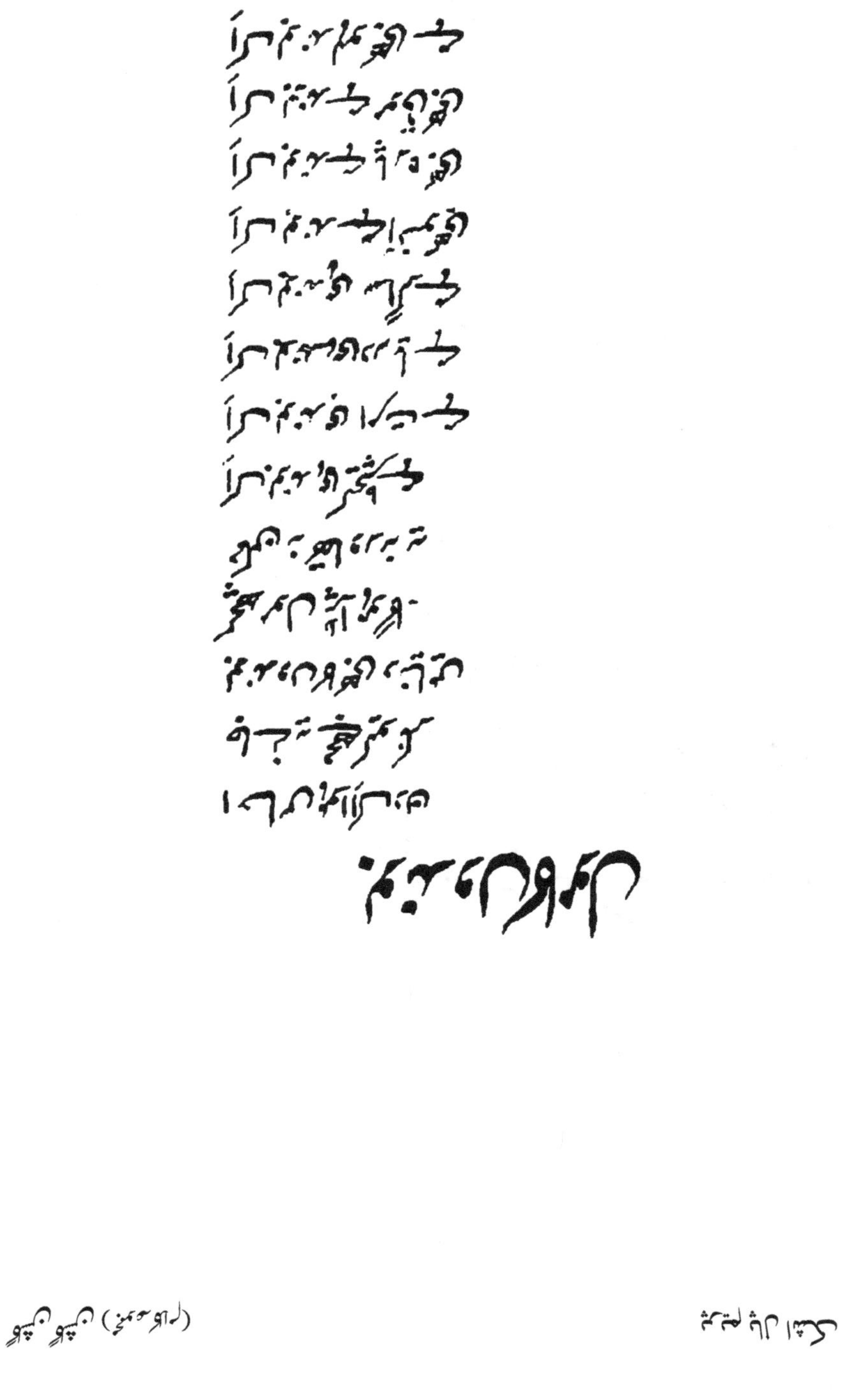

اِک بوند ہے شبنم بھی
اِک بوند پسینہ بھی
اِک بوند ہے دانہ بھی

دیکھیں تو بہت کچھ ہے
سمجھیں تو بہت کچھ ہے

دریا میں روانی ہے
ساگر میں ہے گہرائی
شبنم کبھی تو روتی ہے
آنسو کبھی تو گرتے ہیں
پارہ کبھی ترپتا ہے
موتی بھی چمکتے ہیں
خوں کبھی تو پیکتا ہے
بہتا ہے پسینہ بھی
امرت ہے تو سب کچھ ہے

امرت سے ملتے جیون

انسان کو دنیا میں

دانے کا سہارا ہے

صرف اس کی حقیقت ہے

ورنہ ہے حقیقت کیا

بوندوں نے بھی کانوں میں

یہ بات کبھی ہو گی

یہ بات سنی ہو گی

۷۱

○

روپ کے چھلیا تن کے رسیا پیار کی میٹھی بولی بول

روپ تو ڈھلتی ڈھلتی دھوپ ہے پیلے پن کی گٹھڑی کھول

زخم ہے دل کا گہرا گہرا سارے تجھ پر ہنستے ہیں

؟ دنیا کا دستور یہی ہے من کو نہ کر تو ڈانوا ڈول

راجہ رنک میں انتر کیا ہے! یہ تجھ کو سمجھاتا ہوں

دونوں ہاتھ پیارے بھرتے، دونوں کرتے پیار کا مول

ساری دنیا پائی پھر بھی، موہ نہ چھوڑنا جیتے جی

کنکر پتھر جوڑے پھر بھی، کنکر پتھر کا کیا مول

آنکھ سے کیول اشک گرا کر پیار کا سودا چاہتا ہے

تین ترازو ہاتھ میں لے کے تول سکے تو آنسو تول

عورت

نقل کی باریکیوں سے دور ہے تیرا خیال
تو الورا کا تصور، تو اجنتا کا نکھار

تیرے چرنوں میں ہے گنگا تو ہمالہ کا وقار
تاج سے بھی خوبصورت ہے ترا حسنِ وجمال

عزم ہے پرتاپ کا تو تجھ میں گوتم کا شعور
تیری مٹی کب ہے؟ سونا؟ تو سرا پا نور ہے

زندگی کا ہر تکلف تجھ سے لوسوں دور ہے
سمبھل کی بستی سے دل ہوتا ہے تیرا جلوہ چور

دودھا آنچل میں ہے تیرے آنکھ تیری نم بھی ہے
تیرے دم سے پیار کو حاصل ہے دنیا میں بقا

ایک پل میں پھر تک لے تو خزوِں کم و دریا
یہ حقیقت ہے کہ تو شعلہ بھی ہے شبنم بھی ہے

تجھ سے منہ موڑنے والا آخرش پچھتائے گا
ہم پہ کا جانا چور جو دیدار بن کر آئے گا

۶۹

پھولوں کیلئے ہم

پھولوں کے لئے ہم شبنم ہیں، کانٹوں کے لئے تلوار ہیں ہم
یاروں پر جان چھڑکتے ہیں - دشمن کے لئے پیکار ہیں ہم

اخلاص و مروت کی خاطر رسوا بھی ہیں، برباد بھی ہیں
بے مہر زمانے نے سمجھا قلاش ہیں ہم نادار ہیں ہم

ہم مست جیالوں کے دم سے صحرا بھی ہمارے گلشن گلستن
کہتے کو تو ہم دیوانے ہیں - در اصل یہ ہشیار ہیں ہم

تم عقل و خرد کے بندے ہو، کچھ کرکے دکھاؤ تو مانیں
مرنے کے لئے تیار ہو تم، مرنے کے لئے تیار ہیں ہم

ہم حرص و ہوس سے بیگانے، ہم اہلِ جنوں تم صاحبِ دل
دل اپنا ازل سے دریا ہے جی دار ہیں ہم، دلدار ہیں ہم

یہ علم و عمل کی دنیا ہے، ہر ریت مگر محل مسمار ہے اب
خوابیدہ کلی کی رنگیں بستی سے، بیزار ہیں ہم بیزار ہیں ہم

جو اشک بھی آنکھ میں آتے ہیں کہتے ہیں زبانِ حسرت سے
کہنے کو تو ہارے ہیں لیکن - ہر ایک نظر میں خوار ہیں ہم

اِک دل ہے مرا!

آنسوؤں نے بتائے اندر دھنک
آلام نے رنگ آمیزی کی
اشکوں نے سجائیں بارانیں
چھم چھما چھما چھم چھم چھم چھم چھم

میرے سے ہیں دھنک ٹوٹے ہیں دھنک
آنسوؤں کا جہاں پھیکا ہے جہاں
اشکوں کی زباں خاموش زباں
کہنے کو کبھی کم سننے کو کبھی کم

۱-

لیتی ہیں اُمنگیں انگڑائی
ارماں ہیں کہ مچلے جاتے ہیں
ایک ایک تمنا دل کی جواں
منزل کی طرف بڑھتے ہیں قدم

جتنی تھیں اُمنگیں سو ہی گئیں
ایک ایک تمنا ماندہ پڑ گئی
جو دل کی تھی آخر دل میں رہی
کس کس کو سناؤں بات صنم

نخوابیوں کے جزیرے بنتے ہیں
یادوں کے خطوط الجھے ہیں کئی
ایک ایک تصوّر پر رونق
جو بھی ہے کرم، تیرا ہے کرم

ہر ایک جزیرہ ڈوب گیا

جتنے بھی خطوط اُبھرے دمتے

جو بھی ہے تخیّل ویراں ہے

اک دل بے مرا ہے رلا کھیوں غم

خوابوں کا جہاں ہے بے پایاں

ہر ایک تصوّر ریت محل

یہ علم و عمل کی دنیا ہے

ہنس ہنس کے سہوں گا ظلم و ستم

عیسیٰ بھی ہے تو منصور بھی تو

حاکم بھی ہے تو سولی بھی ہے تو

ظالم کبھی ہے تو مظلوم بھی تو

پھر کس کا ستم اور کس کا کرم

۷۳

گیت

درد و غم سے میں لپٹ کر سو رہا ہوں
آنسوؤں سے اپنا چہرہ دھو رہا ہوں
درد و غم سے ...

ہائے جب معلوم تھا نہ تم کہاں آواز کیوں دی
میں نے جب کانٹے ہی بوئے پھول کی خواہش ہی کیوں کی

پھولوں کے ارمان کھسرر بھی بو رہا ہوں
آنسوؤں سے اپنا چہرہ دھو رہا ہوں
درد و غم سے ...

دیکھتا ہوں جب گگن پر دل کے چھالے پھوٹتے ہیں
ایسا لگتا ہے کہ جیسے پھر ستارے ٹوٹتے ہیں

آج اپنی بے بسی پر رو رہا ہوں
آنسوؤں سے اپنا چہرہ دھو رہا ہوں
درد و غم سے ۔۔۔

آخری منزل کے پتّہ تک سب مجھے اپنا کہیں گے
سوچتا ہوں کون ہیں جو ذات تک اپنے میں گے

اپنوں کو اپنا بنا کر کھو رہا ہوں
آنسوؤں سے اپنا چہرہ دھو رہا ہوں
درد و غم سے ۔۔۔

دوہے

در در اللہ جگاؤ تم سب کی مانگو خیر

رنگ محل میں بیٹھ کر بیری بڑھتے گا بیر

حسن سراپا ناز ہے، عشق کا نام نیاز

لیکن دونوں لٹ گئے کہہ کر دل کے راز

انگ بھبھوت رمائے کے جوگی کیا بدلیں

جوگن رو رو مر گئی مکھ پر ڈالے کیس

تیری ہرنا نگری آئی بہ پنچھی راگ سنائیں

تیرے روپ کی دُھوپ میں کلیاں کھل کھل جائیں

تیرا ایک ایک تہ فقرہ پھولوں میں بول تول

میرے کرتی ہکشاں سن کر تیرے بول

اک مٹھی بھر خاک ہے کایا کا کیا موہ

عمر دھوندھ را پیٹ کے دل کو تو مت نوہ

سیپ میں موتی بند ہے رہ گئی اشک کی آب

سجل سلونی آنکھ ہے کھلنے کو بے تاب

○

سیتا کا دل پھر سونے کے مرگ پر آج مچلتا ہے

دیکھیں کس کی جلے گی لنکا، کون ساراون مرتا ہے

وقت کہاں پار نہ کوئی پائے ۔ وقت کی مہما پریم پار

آندھی طوفانوں کا پالا ۔ آہٹ سے بھی ڈرتا ہے

اس کلجگ میں دھرم کرم کا لیکھا جوکھا باننٹے کون؟

ہر اک نر جس میں پیدا ہی خود کر کے سر حن ہار سمجھتا ہے

دل ہے مرا نادان سا بالک اس کی چنچلتا بت بوجھ

چھیل چھیلی ناری دیکھ کر ٹھمک ٹھمک کر چلتا ہے

رام کی مایا دیکھو اندھے مکھڑا دیکھے درپن میں

کوئی نہیں سمجھانے والا ہر اک اس پر ہنستا ہے

دیوالی

نور کے چشمے عنایت کر دیے ظلمات نے
زندگی کی ایک ایک کلفت مٹانے کے لیے
صرف پل بھر کو غم کو جاناں بھلانے کے لیے
ہر بری میں آتی ہے دیوالی عجیب انداز سے

لکشمی کا ہو رہا ہے پھر سے استقبال آج
صاف ستھری دہ دھ سے دعویٰ ہر اک نوا ہے
کونہ کونہ گوشہ گوشہ مطلعُ الانوار ہے
ہو گئے افسردہ چہرے بھی خوشی سے لال آج

ہم تو مجبور دل کی دنیا کی طرف دیتے نہیں
پیار کے دو دلیل بیٹھے بولنا چاہیں تو کیوں؟
دوسروں کے غم کی خاطر ہم بہریں آہیں تو کیوں؟
ہم نہ داغوں سے کبھی اک درد بیتے کبھی نہیں

وطن کے متوالے میں ہم حریم دہ موتی دی چھڑ ہیں
اصل میں اپنی حقیقت ہی سے کوسوں دور ہیں

O

یہ غم کی بھیک نہ ملتی تو مر گئے ہوتے

تمہاری یاد کے موتی بکھر گئے ہوتے

تری جفا کے کرم پر جیئے ہیں ہم اب تک

چڑھ صلے ہیں ورنہ جو دریا اتر گئے ہوتے

تصور آپ کا کافی ہے زندگی کے لئے

نہ ہوتے آپ تو سب زخم بھر گئے ہوتے

نہ ساتھ گردشِ دوراں اگر ترا ہوتا

نظر فریب بہاروں پہ مر گئے ہوتے

طلسم اپنے تبسم کا ہائے ٹوٹ گیا

ہمارے نام بھی دو اشک کر گئے ہوتے

۷۹

نازاں نہ ہو دیوانے

اڑتے ہوئے پنچھی پہ
بہتے ہوئے دریا پر
آزادہ تخیل پہ
پھولوں کی مہک پر بھی
غنچوں کی چٹک پر بھی
کلیوں کے تبسم پر
شبنم کی تجلّی پر
شعلے کی لپک پر بھی

اڑتی ہوئی خوشبو پر

ہر حسن کے دھارے پر

معصوم اشاروں پر

لپکے ہوئے بادل پر

خاموش فضاؤں پر

مدہوش ہواؤں پر

خوابوں کے گلستاں پر

نازاں نہ ہو دیوانے

اپنے ہوں کہ بیگانے

شعر سنیئے۔۔۔

دودھ پینے والا فرزانہ تھا۔ فرزانہ رہا

خون دینے والا دیوانہ تھا ، دیوانہ رہا

○

غم سے اب تو لپٹ کے سوتا ہوں

میرے ہونٹوں پر اب ہنسی کم ہے

○

شمع کی لو جو نہی تھمانے لگی   آپ کے غم کے ماروں کو نیند آ گئی

○

میری راہوں میں کانٹے بونے والو   مجھے پھولوں سے ڈر لگنے لگا ہے

○

زلف کے بیچ نکلے مگر   زلیبت کے بیچ وہم رہ گئے

○

عشق اپنی زندگی کی آخری منزل پہ ہے

عقل اب تک مبتلا ہے لو دو مستی میں ندیم

گیت

قدم ملا کے چلو

زمانہ نازک ہے

جو الانکھی پر دنیا بیٹھی امن کے گائے راگ

جیون کے ہر سانس سے نکلے جنگ کی خونیں آگ

پاپ کے پتھ سے ہٹو

زمانہ نازک ہے

قدم ملا کے چلو ...

۸۳

نربل کے بل پر اپنائی میٹھا موج اُڑ آئے
غیر کے دھن کو اپنا کہہ کر اُس پہ آنکھ لگائے
ایسائے سے لڑو
زمانہ نازک ہے
قدم ملا کے چلو ۔۔

جینا ہے تو اوروں کو بھی دے دو جیون دان
اسی سے ہوگا آج تمہارے جیون کا کلیان
وقت سے لپٹتے رہو
زمانہ نازک ہے
قدم ملا کے چلو ۔۔

جنگ نہ ہونے دیں گے جگ میں کہہ دو سب سے آج
امن کا ہوگا راج جگت میں امن کا ہوگا راج
پیار کی باتیں کرو
زمانہ نازک ہے
قدم ملا کے چلو ۔۔

〇

ملیں گے ان گنت یوں تو بلا سے کھیلنے والے
گمر کم دیکھتے ہیں ہم قضا سے کھیلنے والے

جنہیں اپنے سمجھتے ہو وہ اپنے ہو نہیں سکتے
ہوا ہو جائیں گے اک دن ہوا سے کھیلنے والے

بچھڑے ہیں نامکمل کب سے افسانے محبت کے
ادا سے ٹوٹ لیتے ہیں ادا سے کھیلنے والے

تعجب ہے ابھی سے آنکھ تیری ہو گئی پُرنم
ہوا کیا ہے ابھی جو رود جفا سے کھیلنے والے!

دم آخر فقط دو اشک ہی تو کام آتے ہیں
سمجھ کر کھیل! جذبات وفا سے کھیلنے والے

٨٥

ایک شہنشاہ ایک غلام

(بھارت رتن پنڈت جواہر لعل نہرو مرحوم کی نذر)

پھولوں کی پتی سے کانٹا تونے پتھر کا جگر
تجھ کو گھٹی میں ملا گویم کا لافانی شعور
تیری رگ رگ میں سرایت نانک و چشتی کا نور

زندگی بھر تونے کیلے جنگ کے زہریلے ناگ
تونے شنکر کے سبا زہر آہل پی لیا
کرشن کا سندیس تونے کل زمانے کو دیا
عمر بھر تونے لگائی حرص کی ایکا کو آگ

کر دیئے تونے کھڑے اک صف میں محمود و ایاز
دُور تونے کر دکھایا امتیازِ خاص و عام
تو اخوت کا شہنشاہ تو محبت کا غلام
کون ہے بندہ کسی کا! کون ہے بندہ نواز!

تونے ڈھارس دی ہمیشہ ہر دلِ ناکام کو
تونے شیشے میں اتارا گردشِ ایام کو

○

یہ دُنیا عجب رنگ دیدہ نہاں ہے، یہاں رنگ اُڑانے کی کوشش نہ کرنا

خبر تپتی پتی کو مل کر رہے گی، کوئی گُل کھلانے کی کوشش نہ کرنا

اگر رہنما آپ جیسے ہوں اپنے، تو پھر رہنماؤں کی ضرورت نہیں ہے

کوئی بیولا بھٹکا اگر مل بھی جائے اُسے رہ پہ لانے کی کوشش نہ کرنا

بچھاتے رہے راہ میں پھول ہم تو گم تم نے کانٹے ہی بوئے ہمیشہ

گنہگار نہیں منہ پہ ہی بات کہدی، اب آنکھیں چرانے کی کوشش نہ کرنا

ستاروں کو بھی نیند آنے لگی ہے کہ اب رات بھی بھیگتی جا رہی ہے

کوئی سوگیا تھام کر غم کا دامن اُسے تم جگانے کی کوشش نہ کرنا

یہاں مسیح پھولوں کی سمجھی ہے تم نے وہیں ہر قدم پر ہیں کانٹے ہی کانٹے

محبت کی دُنیا میں ہیں اشک آہیں یہاں دل لگانے کی کوشش نہ کرنا

کہنے کو تو ہے تہر کا جہاں

ایک حسن کا بہتا دریا ہے

سنگیت کا امڈا ساگر ہے

عاشق کی آنکھ کا آنسو ہے

محبوب کے رخ کا تبسم ہے

جینے کی ادا

مرنے کی لگن

وہ تاج محل

وہ حسنِ عمل

RTL script.

پھولوں کی مہک اور دم اُس کا

غنچوں کی چٹک اور دم اُس کا

کلیوں کی نزاکت اُس سے عیاں

شبنم کی طرح ان چھُوار ہا

جینے کی ادا

مرنے کی لگن

وہ تاج محل

وہ حسنِ عمل

○

فنکار کا فن اُس سے ہے جواں

ایک ایک کا پسینہ اس میں گرا

کھیتوں کا لہو پانی بنتا ہوا

اِک خواب کی یہ تعبیر ہوئی

جینے کی ادا

مرنے کی لگن

وہ تاج محل

وہ حسنِ عمل

٨٩

ملتا ہے بہت کچھ دیکھو تو
پاؤ گے بہت کچھ جاؤ بھی
کہنے کو تو ہے مختصر کا جہاں
سمجھو تو بہت کچھ ہے اُس میں

جینے کی ادا
مرنے کی لگن
وہ تاج محل
وہ حسنِ غزل

○

کالے گورے گورے کالے	صورت والے سیرت والے
کیسے سنبھلوں، کون سنبھالے	ترک محبت کر بیٹھا ہوں
ہائے میرے دل کے چھالے	بے موقع ہی کھوٹ پڑے ہیں
سب انداز ہمیں کتھے سہارے	دنیا چاہتے لاکھ چھپائے
ہم نے گردش کے دن ٹالے	جانے بوجھے دھوکے کھا کر
لے لیتے ہیں پینے والے	کھوٹے سکّے چل جلتے ہیں

ایک جان ہیں روگ ہزاروں

اے دل والے دل بہلا لے

۹۱

○

حسن کی گود میں عشق بھی سو گیا، بندگی سے پرے
ہم تکلّف کی دنیا بساتے ہیں، سادگی سے پرے

اپنا گھونگھٹ کلی نے اٹھایا جو ہی، خار ہنسنے لگے
روکے شبنم یہ بولی، کھلے گل یہاں تازگی سے پرے

رہبروں کی عنایت ہوئی قافلے لٹ گئے راہ میں
جس کو دیکھو وہی رہنما ہے یہاں، رہبری سے پرے

آپ کو دیکھ کر یوں لگا نیند میں جیسے چونکا ہوں میں
آگہی کا جہاں میں لیا تار ہا، آگہی سے پرے

جس کو اپنا سمجھتا رہا عمر بھر وہ نہ میرا ہوا
آنسوؤں کا جہاں بس رہا ہے نقط خامشی سے پرے

شعر سنیے۔۔۔

کس نے دیکھا کلی کا تبسّم   اب تو شبنم کو اپنا ہی غم ہے

○

پینے والے آج کے دن سب تکلّف چھوڑ دے
میکدہ تو نام ہی ہے تشنگی کا جان من

○

تو نے تو ہم سے نہ ملنے کی قسم کھائی تھی
تیری ہر بات میں اک بات کہاں تھی پہلے

○

پھول سا سندر کومل مکھڑا برہ میں لیوں مرجھپ کے
جیسے پت جھڑ میں ہریالی بن پودھے اڑ جائے

○

آج تک میں آپ کے کیا نو دے کبھی بیگانہ نہ تھا   آپ ہی سے نام سیکھا آگئی کا جان من

○

بیٹھی اور پردیسی دونوں میت کسی کے ہوتے ہیں؟
ہائے یہی احساس دلا کر تم نے مجھ کو لوٹ لیا

○

آنکھوں سے تو اشک گرا کر ریت میں بیچ نہ بو

تجھ کو اگر رونا ہے پگلے چپکے چپکے رو

گلشن گلشن مہک اٹھا ہے، واہ ری روپ کی خوشبو

صحرا میں بھی پھول کھلا لے خواہ فقط اک بوندو

دنیا سب پر ہنستی پھرتی ہنسنے کا کیا مول

سکھ دُساگر میں ڈوبے ملے گا غم کا بوجھ تو ڈھو

پھولوں کی دو دن کی جوانی ان پر کیا مان

کلتے دامن تھام نہ لیں گے، ان سے ہار پرو

سب کے پیچھے سہما سہما کیوں ہے کھڑا نادان!

چھین جھپٹ کر بڑھ جا آگے جو لوہے سو ہو

ساون کی جب جھڑی لگے تو بن میں ناچے مور

تیرے حصے دو ہی اشک ہیں ان سے دل تو بھو

○

سب کہنے کی باتیں ہیں یہ فقط غم کون کسی کا کھاتا ہے

اے شمع تجھے کیا تو اپنے انجام پہ رونا آتا ہے

خالی جو پیالے ہوتے ہیں بے طرح کھٹک اٹھتے ہیں نہی

یہ اپنا اپنا ظرف تو ہے اک کیوں   اپنا جی تو جلاتا ہے

خوابوں کے جہاں میں رہ کر تو اب رنگ محل تعمیر نہ کر

اس عزم و عمل کی دنیا میں ہر رنگ محل ڈھے جاتا ہے

دیوانے ہیں تیرے نام کے ہم تو ایک ذرا آواز تو دے

پھر دیکھ کہ کون ترستا ہے اور کون کسے تڑپاتا ہے

اس حرص ہوس کی دنیا میں مجنوں بھی کم صحرا بھی ہیں کم

جذبے کی صداقت عام نہیں احساس ہی مرتا جاتا ہے

اک اشک کی قیمت کیا پوچھو قطرہ بھی یہ گوہر بھی ہے

آنکھوں میں ہے تو سب کچھ ہے بہہ جائے تو جگ ہنستا ہے

کنڈلیاں

انسان کیا ہے سچ کہوں! اِک شطرنج کی گوٹ
ہار تو آخر ہار ہے ، جیت میں بھی ہے ٹوٹ
ہار کے بھی شطرنج کا مہرہ بار نہ پائے
شاہ پیادہ سب پر لگتے ہیں مائیں نشانے
شہر ملتی ہے تجھ کو ایک ایک گام پہ ناداں
کوڑی کی اوقات نہیں ہے تیری انساں!

O

کل تک شب کو آئینہ دکھا رہا سقا تو
صورت اپنی دیکھ کر اڑ گئی ساری بو
اڑ گئی ساری بو جو دیکھی اپنی صورت
ٹکڑے ٹکڑے ہے، اب تیری کانچ کی مورت
شیش محل میں بیٹھ کے دیکھ نہ کنکر کا بل
تجھ کو بھر لے گی ورنہ کسی پہلو بھی نہیں کل

اپنا روپ نہار کے کچھ ولی نہیں سمکے

پائل کی جھنکار پر جوڑا گھل کھل جائے

جوڑا کھل کھل جائے جھنک جب جائے پائل

درپن میں ملھ دیکھ کے ہوتی خود پر مائل

پل بھر کی ہے بات ہے سب کچھ سندر سپنا

اب کبھی لاراحساس نہ کہہ تو غیر کو یہ اپنا

○

جو گی تیرے جوگ پر رکھیں انگلی لوگ

جس پر بولی پر گئی اس کا کیسا جوگ

اس کا کیسا جوگ پڑی جب ہو جب پر بولی

جو گی بوں ہنس کر من کی گھنڈی کھولی

جب کو دیکھیں وہ ہی ملے گا روگی ہوئی

دنیائی پر وا جو کرے وہ کیسا جو گی؟

ستارو تم تو سو جاؤ، ہمیں دیوانے جاگیں گے
شبِ فرقت میں بیگانے نہ بلگے ہیں نہ جاگیں گے

تمنّا دل نوازی کی بالآخر رنگ لائے گی
تمہاری آرزو کرکے فقط مستانے جاگیں گے

نہ ساقی سے، نہ ساغر سے، نہ مے سے اور نہ مینا سے
فقط اک تشنگی کے دم سے ہی مے خانے جاگیں گے

ہوس جینے کی ہے جن کو نہ جاگیں گے وہ جیتے جی
جنہیں مرنے کا کھٹکا ہے وہی فرزانے جاگیں گے

گرا کر اشک آنکھوں سے نہ ہو رسوا زمانے میں
نہ یہ بیگانے جاگیں گے، نہ یہ بیگانے جاگیں گے

○

عشق کے بیری روپ کے جھیلیا اِن کے اُجلے سن کے کالمے

تیرے دل کی کیا تبلاؤں؟ سب اندازہیں دیکھیے کھاے!

نقل کے بل پراصل ہے قیمت دُگنی تلگنی ہو جاتی ہے

سانچ نہ جگ میں کس نے پالا، کون ہے جھوٹ جرِدل سے نکلا!

تو ہی مجھے آخری پلکے! آگ سے آگ بجھے گی کیوں کر!

پریت کی رمیت بجھانے والے حرص کی پیلے آگ بجھاے!

دھیرے دھیرے اندھے بھی اب آنکھوں والے ہوتے جائیں

ننکلا ہے تو کھوٹے سکوں کی تو آکر ہاٹ سجا لے

چپکے چپکے آنکھ سے اشک گرانے سے کچھ لا بدنہیں ہے

مجھ کو یہ ڈر ہے تری ندامت آخر مجھ کو مار نہ ڈالے

99

گیت

ہونی ہے بلوان

رے بھیا

ہونی ہے بلوان

ہونی ہے بلوان

پنکھ پکھیرو دیس میں میرے پڑھتے ہیں تقدیر

لیکن کس کس کے سکھ دکھ میں کون بہائے نیر

چنتا چتا سمان

رے بھیا

چنتا چتا سمان

ہونی ہے بلوان

ڈال کے آٹا پینٹھی کو آپ مانس دھرم کھائے
اِک دوجے کا خون بہا کر اپنی پیاس بجھائے

دِل ہے چھل کی کان
رے بھیّا
دِل ہے چھل کی کان
ہونی ہے بلوان

مچھلی جل کے بھییتزرہ کر جل سے رکھے بیر
اپنے سے چھوٹوں کو کھا کر اپنی مانگے خیر

بل والا بلوان
رے بھیّا
بل والا بلوان
ہونی ہے بلوان

۱۰۱

○

آج ایک ایک کر لوٹ جانے تو دے

دل کو اپنی یہ حسرت مٹنے تو دے

بات چل ہی پڑی جب بھری بزم میں

زخم اپنے مجھے سبھی دکھلانے تو دے

رہ میں آنکھیں بچھانا خطا ہی سہی

سوئے ارمان مجھ کو جگانے تو دے

آگہی تو نے رکھا کہاں کا مجھے!

اپنی دنیا میں پھر لوٹ آنے تو دے

تو چراغوں کی اب ڈوب جانے کو ہے

غم کسی کا بھی ہو مجھ کو کھلانے تو دے

تیری محفل میں ہنسنا اگر جرم ہے

اشک خلوت میں مجھ کو گرانے تو دے

O

تا قلے دل میں یادوں کے آتے ہیں

آنسوؤں کے دیئے جگمگاتے لمحے

آپ ہی کے تبسم کا یہ فیض تھا

پھول صحرا میں بھی مسکراتے رہے

تیری گہہ تجلیّا کا اک مرحلہ

ہم نگاہیں اسی سے چراتے رہے

غم کے ماروں کو کانٹوں پہ نیند آگئی

پھول غمخوار میرے بچھاتے رہے

تشنگی کا بھرم ٹوٹ جاتا مگر

اشک پی پی کے ہم ہی بڑھاتے رہے

بچّے کی عید

مجھے بازار سے اتنی تو لاؤ اک بندوق لا دیجو
بھری ہوں گولیاں اس میں تو سنگین ہو اس پر
کم سہرے کے بجائے باندھ لوں گا میں یقین سے
حسین دولہا بنا کر مجھ کو کھوڑی پر بٹھا دیجو

میں عیدی اپنی ساری قوم پر قربان کر دوں گا
میں رپئے رکھ کے سب خوشی اک تیار ہوں جوانوں کو
کمل کرکے بناؤں گا حفاظت کے نشانوں کو
کھلونوں کے بجلے ہاں کرکے بھی کوم لوں گا

بھرا ہے جس تری تری انگلی میں بارود لے اماں
زریعہ دوں گا اس کو جس نے ابا جان کو مارا
مٹا دوں گا اسے جس نے ترا سکھ چین ہے لوٹا
نکالوں گا میں گولی اس سے جو اپنے پل بچے نازاں

پیلاغرم ہے اس نہر لو دل میں بساؤں گا
نئے انداز سے عید اب کے میں اتنی مناؤں گا

○

زندگی کی تلخیوں پر مسکراؤں کیوں بھلا؟

ہنس کے ہر غم کو میں سینے سے لگاؤں کیوں بھلا؟

آشنا ہوں میں مقدر کی حقیقت سے ندیم

پھر عمل کی زندگی سے جی چراؤں کیوں بھلا؟

ان گنت یادِ خداوند آ ئیں گے اے نا خدا

اپنی کشتی کو نہ طوفاں سے بچاؤں کیوں بھلا؟

تم مجھے فصلِ خزاں کا خوف کیوں دیتے ہے؟

میں کبھی پھولوں کی خوشبو تک نہ پاؤں کیوں بھلا؟

اس جہاں میں کون جلتا ہے چراغ آگے یہاں

اشکِ خوں میں اپنی آنکھوں سے گراؤں کیوں بھلا؟

○

اگر دو اشک آنکھوں سے گرا لیتے تو اچھا تھا

ہمارے غم کبھی سینے سے لگا لیتے تو اچھا تھا

کہاں فرزل نے سنتے ہیں بھلا ہاں دیوانے کہتے ہیں؟

ہم اپنے حال پر آنسو بہا لیتے تو اچھا کہتا

جسے بھی دیکھئے دل میں اسی کے چور بستا ہے

زمانے کا اگر یہ بھید پا لیتے تو اچھا تھا

کوئی ایسا نہیں جو خود فریبی پر نہ مرتا ہو

یہی دولت ہم اپنے دل میں پا لیتے تو اچھا تھا

نگاہوں میں رہیں جو اشک آنہیں گوہر سمجھتے ہیں

اگر دنیا کو اس رو میں بہلا لیتے تو اچھا تھا

○

حسن کے فیض سے بندگی جاگ اٹھی

عشق کے معجزے سرکشی جاگ اٹھی

رہبروں کی عنایت ٹھکانے لگی

کارواں لٹ گیا، رہزنی جاگ اٹھی

آپ نے جب نظر بھر کے دیکھا ادھر

دل کے ہر تار میں نغمگی جاگ اٹھی

بے تکلف نبھانے کے ہم چور تھے

سادگی سو گئی، آگہی جاگ اٹھی

ہم نے ڈالیں فلک پر کمندیں مگر

روشنی بجھ گئی، تیرگی جاگ اٹھی

آپ کے رُوپ کی دھوپ میں جان من

ایک اک پھول میں تازگی جاگ اٹھی

اشک آنکھوں سے تو نے گرا تو دیئے

تیرے چہرے پہ لیکن ہنسی جاگ اٹھی

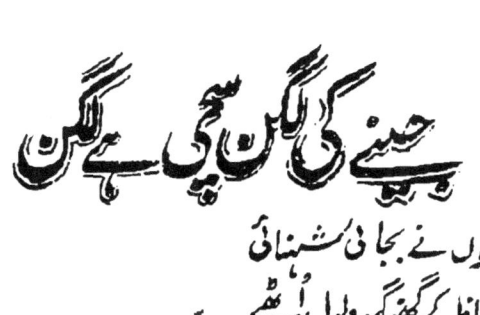

گیتوں نے بجائی شہنائی

الفاظ کے گھنگھرو بول اُٹھے

اشعار کی پائل ناچ اُٹھی

چھن چھنن چھن چھن، چھن چھنن چھنن

شہنائی کے سُر بھی ڈوب گئے

گھنگھرو کی صدا بھی بند ہوئی

پائل بھی گری اور ٹوٹ گئی

میں کس کو بتاؤں بات سجن

ہنس ہنس کے نہ دیکھو یہ حرف

چھپ چھپکے نہ جھانکو دل میں مرے

خوابوں میں سنورنا ٹھیک نہیں

کوئی نہ بسے دل کی دہلیز پکڑ

پھولوں کی ہنسی دم بھر کی ہنسی
آئینے کو دیکھو ٹوٹ گیا
خوابوں کے محل مسمار ہوئے

رسوائی کی آگ اور چندر بدن

کاغذ پہ نہ لکھو نام مرا!
کاغذ کی حقیقت کیا معنی!
اشکوں کے سمندر میں مرا لمحو

ڈالو نہ کبھی آہوں کا کفن

اِک دوست طلب اِک حسنِ نظر
جلووں پہ ہوس کے پہرے ہیں
آنکھوں پہ حیاکے ہیں پردے

زخموں کی برات اور نیل گگن

مجنوں بھی ہوں میں لیلیٰ بھی ہوں میں
ہونٹوں پہ شکایت کس کے لیئے
مرنے کی تمنا ہو بھی تو کیوں؟

جینے کی لگن سچی ہے لگن

9-1

○

ٹھہر ٹھہر کے ستاروں کو نیند آتی ہے

تمہاری یاد مرے دل کو کہ گدا زتی سے

ہو میں نے عشق کو رسوا کیا زمانے میں

کبھی تو کوہ کئی بھی فریب کھائی ہے

نہ آپ خود پہ ہنسے، اور نہ میں ہنسا نخو دپر

گر فضا ہے کہ اک چمن سی تنگنائی ہے

کھلے نہ پھول یا نہ غنچے ہنسے از دل پہلے

نظر نواز تو بہاروں پہ لپک آتی ہے

کسی نے اشک گرائے کوئی ہنسا کھل کر

ہزار رنگ سے دنیا دغا نبھاتی ہے

دیکھ لیا ہے اک اک کا غم
کس نے چھوڑی کس نے پائی
کوئی نہیں تو آپ ہی کرلوں
کون کسی کا درد مٹائے
وقت کی آندھی، اندھی آندھی
شعلہ ہوس کا لپکا لپکا
قیس کی جنت صحرا صحرا
خواب تمہارے اشک ہمارے
دامن لیلیٰ، دامن مریم

دل کے سودا اگر نکلے کم
عشق کی خوشبو، حسن کی شبنم
اپنی بدنصیبی کا ماتم
اپنا عالم! اپنا عالم!!
کس نے دیکھے آپ کے دم خم
عشق کی آگ ہے مدھم مدھم
آپ کی زلفیں گیسوئے برہم!

۱۱۱

○

نہ جلئے آپ کا پیکر میرے خیالوں سے

سلیقہ جینے کا آتا ہے خوش جمالوں سے

جواب آپ کی ہر بات کا یہی دوں گا

طبیعت آپ کی بہلی رہے سوالوں سے

حسینوں کے جال میں الجھا ہوا تھا دیوانہ

کہیں یہ طور کبھی ممکن ہوا غزالوں سے

نظر فریب نظاروں سے مرغ خوشی کیسی!

کوئی یہ بات کہے جلے کے خوش خیالوں سے

مرے نصیب میں یں آئے نقط درِ اشک مگر

ترا نصیب کہ اُلجھے ہیں کپھول بالوں سے

گیت

دیکھا ترا کمال اے داتا

دیکھا ترا کمال

کاغذ کے کچھ پھول پڑے تھے جن میں رنگ نہ باس

رام کی نہما دورہ محبت پہلے کے بھنورے آگئے پاس

تری انو کھی چال

زمانے

تری انو کھی چال

دیکھا ترا کمال

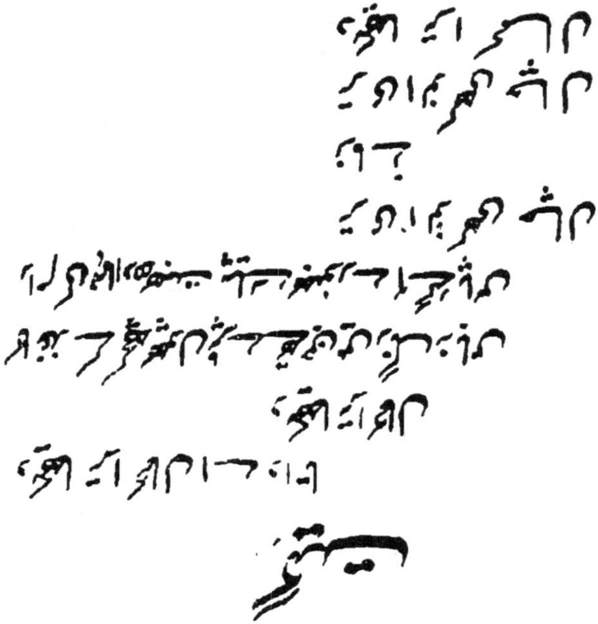

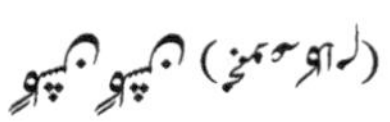

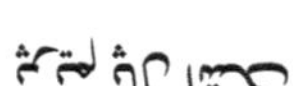

۱۱۳

انگ میں جب دھنوان ہوئے تو کرنے لگے کایان

گھر کا مال نہ یاں ہر جائے دیویں خود کو دان

کچھ تو پیّے ڈال

مسافر

کچھ تو پیّے ڈال

دیکھا ترا کمال

جب سے بسا ہے یہ جگ بابا یہی یہاں کا نیِلے

بڑی مچھریا چھوٹی چھوٹی مچھریا کو بیٹھی میں کھائے

اپنا آپ سنبھال

رے کھبیّا

اپنا آپ سنبھال

دیکھا ترا کمال

◯

خزاں کے ذکر پر ساون سے ڈر لگتا ہے جانے کیوں؟

بے! باں دیکھ کہ گلشن سے ڈر لگتا ہے جانے کیوں؟

مجھے تعلیم ہے کمزور ہوں میں دل کے بارے میں

اِس اپنے دل کی ہر دھڑکن سے ڈر لگتا ہے جانے کیوں؟

خدا کا نام لے کر نفس کی لنکا جلائی تھی

مگر اب حرص کے راون سے ڈر لگتا ہے جانے کیوں؟

ہمیں دیر و حرم میں زندگی اپنی بتانی تھی

یہاں بھی رہ کے مکر و فن سے ڈر لگتا ہے جینے کیوں؟

میں ہوں آزاد پنچھی جس طرف چاہوں اڑوں چھپکوں

مجھے ماحول کے بندھن سے ڈر لگتا ہے جانے کیوں؟

اگر ہر اشک میرا جاناں میں بلبلاتے جل جلکے

مجھے تو اپنے ترد امن سے ڈر لگتا ہے جلنے کیوں؟

۱۱۵

ہولی

مزدوں اور مستیوں کا نام ہولی
محبت کا سبق سب کو پڑھائے
کدورت دل کی دنیا سے مٹائے
جو چاہے قہقہوں سے بھرے جھولی

ہر بنیۃ کشپ سے ظالم با دشہ سنتے
بتا ہیں ہولکا کا بل کے مرنا
مگر پہلاد کا اٹھ کر سنبھلنا
گنہ ہی کو مٹا ڈالا گنہ نے

مہینہ پھاگ کا سرسوں بھی پھولی
کوئی موہن پہ آئے بھاگ اڑ جائے
کبھی را دھا کی چولی بھیگ جائے
مرے دہقان تے محنت وصول لی

جلائیں گے بیستا ہم مفلسی کی
اسی کی را کھ سے کھیلیں گے ہولی

○

بات اک سن لے ذرا رک کے تو دیوانوں کی

زندگی تجھ سے ہے دالبتہ بری خانوں کی

ہوس و حرص کا جادو بھی عجب جادو ہے

اب بے آب نہیں ہوتی شبستانوں کی

شمع کی طرح جیلو، پھولوں کی مانند ہنسو

بات رہ جائے زمانے میں غم خانوں کی

گردش وقت کٹھہر تجھ کو سمجھا ہم دیکھیں گے

ہم نے بھی خاک اٹھائی ہے بیابانوں کی

اشک آنکھوں سے گریں گے دیکھہر م لوٹے گا

کوئی دولت نہیں ٹوٹے ہوئے پیمانوں کی

دوہے

یکلا بیٹھا گھاٹ پر چن چن مچھلی کھائے
دنیا کہتی جلے ہے ترلا نیر بہائے

مجھ کو تیری چاہ تھی تیری تجھ کو چاہ
رہبر رہزن بن گئے کون دکھائے راہ

لوٹا بر تن دیکھ کر بھر بھر آئے نیر
ٹوٹے دل کی ہائے کس نے دیکھی پیر

سوکھی کلیاں دیکھ کر شبنم نیر بہائے
بھونرا اپنے آپ پر من ہی من اترائے

چڑھتا سورج پوجتا دنیا کی ہے ریت
شاہ کو لوگ چھے ہر کوئی رنگ سے کیسی پریت!

کومل کومل ہے بدن کلیوں کی مسکان
تو رسوتی نار ہے کفر ترا ایمان

لاکھوں بھید بتا گیا آنکھ سے گر گر اشک
خاک میں جب مل جائے گا کون لگا گا اشک

○

شیش محل میں رہنے والے اپنے آپ پہ مت اترا

جتنا تیرا روپ ہے پھکے اتنا ہی تو رنگ جما

آئینے پر بال آئے تو ہو جائے سب کو معلوم!

دل ٹوٹے آواز نہ آئے! یہ ہے کیسی ریت بتا!

پیار کسی جا دو لوٹ رہا ہے کوئی نیا اب منتر پھینک

روپ کا لوٹنا، کچھا لوٹنا، اس پہ کھپلا اترا ناکیا!

بستی بستی خوابوں کے بازار ہی بکتے دیکھے ہیں

سپنوں کا جو مول بکا ئیک ایسے گاہک کہاں کھپلا؟

اپنے غم کا جنہیں ہے پالا؟ ہ کیا پالیں میرے غم

اوروں کے غم کھانے والے، اپنے دل کے چاک ملا!

رنگ اور راجہ دو لوں در در ہانک لگاتے پھرتے ہیں

ان دونوں کے دل میں پیاسے چہرے چھپا ہے، چہرے چھپا!

دل کے دریا سوکھے سوکھے آنکھ سے اشک گرائے کون؟

قدم قدم پر کھڑم کھلا ہے اور نہ تو خود کو کھبر ما!

کیرتن

دل مانے تو درے دے دوٹ ابھی
ہوں سچا سیوک تیرا

دل مانے تو درے دے دوٹ ابھی
ہوں سچا سیوک تیرا

پہلے تھے سرکار کا داس بھی پھر مزدور کہا نیتا
اس کے بعد میں آپ کا سیوک اب ہے دھرم نے چیتا

پربھ دل میں نہیں ہے کھوٹ ابھی
ہوں سچا سیوک تیرا
دل مانے . . . .

تگ ہے مجھ کو بھاشن تک کبھی دینا نہیں ہے آنا
کیوں کہ ایک انگوٹھے سے میں سارے کام چلاتا

پربھ دھن کا نہیں ہے لوٹ ابھی
ہوں سچا سیوک تیرا
دل مانے . . . . .

گنگ بندی ایمان ہے میرا ہوٹلی تھاکردوارا
سنسکرتی کا ہوں میں رکشک دھرم ہے مجھ کو پیارا
ہے نیند کی مجھ پر اوٹ ابھی
ہوں سچا سیوک تیرا
دل مانے ...

پگلی دنیا کہتی پھرتی میں ہوں آیا رام
سچ کہتا ہوں آیا رام کے مجھ سے کم ہیں دام
پینے ہی تونے لذت ابھی
ہوں سچا سیوک تیرا
دل مانے ...

میں ہوں نیتا، نیتا کاہے جوگی والا پھیرا
پانچ برس کے بعد لگایا تیرے در پر ڈیرا
مجھ کو نہ لگا تو جوٹ ابھی
ہوں سچا سیوک تیرا
دل مانے تو سنے دوٹ ابھی

۱۲۱

O

اگر فرزانے سب موتے تو دیوانے کہاں جاتے!

حقیقت دل کی ہم دنیا میں سمجھلانے کہاں جاتے؟

جنون عشق ہی سے گل کھلے ہیں آج صحرا میں

خلوص و عجز کے ورنہ یہ افسانے کہاں جاتے!

بھرا کچھ نظا جو پہنچے جلنے پروانے سیر محفل

نہ ہوتی شمع، اپنا دل یہ بہلانے کہاں جاتے!

ہیں ہیں کشتۂ دوراں زمانے بھر کے ٹھکرائے

نہ ہوتے ہم تو ہم پر رحم فرمانے کہاں جاتے!

شکایت کیوں مقدر سے، گلہ کیا مجھ کو ساقی سے

اگر کچھ تشنگی بجھتی تیرے خانے کہاں جاتے!

ملا اچھا ہے رہزن رہبروں کا بھیس بھرتے ہیں

دلوں کے زخم رہ رہ و ورنہ دکھلانے کہاں چلتے!

فقط دوا شک ہی میں نازہے جن پر ہیں اب تک

یہ سرمایہ نہ ہوتا اپنے بیگانے کہاں جاتے؟

◯

نظر ہو گی تو نظارہ سبھی کریں گے

تری چاہت کے گیسو بھی سنوارلیں گے

محبت میں بھلا سودو زیاں کیا؟

جنوں کی رہ سے بے صورت گزاریں گے

نہیں ہیں بھیکتے دامن میں، کیا غم ہے!

ہم اپنے آنسوؤں سے جھولی بھریں گے

کوئی ہے! جو دلوں کے زخم دیکھے گا!

ہم اپنے آپ ہی سے بات کریں گے

فقط ایک اشک ہی ہے ناز ہے جس پر

اسی کے بل پہ دنیا بس میں کریں گے

۱۲۳

غازیوں کی عید

تو دامن بھر کے اشکوں سے بہا کو قیمتی دے دے
دعائیں بے کسوں ہی کی ہمیشہ ساتھ جائیں گی
صدائیں درد مندوں کی ہمیشہ کام آئیں گی
مسرت با نٹ کے سب کو زمانے بھر کے غم لے لے

رہا بھوکا کا پڑوسی تو ترا روزہ نقصان ہوگا
تو بیواؤں کو دے دے ڈھارس یہی تیری عبادت ہے
یتیموں کو تو دے عید کی اسی میں عین راحت ہے
رہا جیب کھوٹی ہی دل میں نمازیں پڑھ کے کیا ہوگا؟

کہ قدرت دل کی وہ صورت بنا دے سے کہ تن من ایک ہو جائے
محبت کا پلے جائے کہ ٹوٹے دل جُڑیں پھر سے
اخوت کی چلے آندھی ہمیں سب لغنے دل کے
سنور تی ہے عمل سے عاقبت، بنتی ہیں تقدیریں

یہ ہے وہ عید جو کردار کے غازی مناتے ہیں
وہ اپنے عزم محکم سے نئی شمعیں جلاتے ہیں

گیت

لٹ پٹ پہنچی چتر سجان

سب کے داتا سری بھگوان

لٹ پٹ پہنچی چتر سجان ۔۔

میرا کھ ہیں اب گیان دعویانی پنڈت ہیں اگیان

کھوٹے کھرے کی کرنے لگے ہیں اندر میں کبھی پہچان

خون: کو داﻥ مہا کلیان

لٹ پٹ پہنچی چتر سجان ۔۔

ندی کنارے بگلے بیٹھے لینے لگے سنیاس

جل کے سپیرے ہر پرانی کو ہو ہی گیا احساس

پالن ہارا ہے بلوان

لٹ پٹ پہنچی چتر سجان ۔۔

۱۲۵

جھوٹ اور سچ کا قدم قدم پر ہونے لگا ہو پار

کھوٹے سکّے چل نکلے ہیں آج سرِ بازار

سر بن ہار بنا انسان

لٹ پٹ پہنچی چتر سیان ....

انّا کا سنیائے سمجھ لو یا کہہ لو سنجوگ

آنکھ کے ہر اِک اشک کو موتی کہتے ہیں شاعر لوگ

واہ رے مالک تیری شان

لٹ پٹ پہنچی چتر سیان ....

طنزیہ ہی سبھی مسکراتے تو ہیں

اپنے دل کی سیاہی ہی دکھاتے تو ہیں

بات تک پوچھنے کی ہے فرصت کسے!

راہ میں آپ کانٹے بچھاتے تو ہیں

وقت کے ساز میں بے خودی ہے کہاں

بے خودی کی گمرتا ان اڑاتے تو ہیں

عیب اپنے نہ ظاہر ہوئے کیا ہوا!

آئینہ دوسروں کو دکھاتے تو ہیں

آج کے پر ہجوم دور میں آپ بھی

سونگھتے تو نہیں پھول کھاتے تو ہیں

نام کو رہ گئی دل میں مہربہ وفا

اشک آنکھوں سے لیکن گراتے تو ہیں

ایک دلچسپ اور منفرد موضوع کا شعری مجموعہ

اردو شاعری میں تاج محل

مرتبہ : شجاع خاور

بین الاقوامی ایڈیشن جلد منظر عام پر آرہا ہے

○

پھول سب بٹے کے انہیں خالی بولیتا ہوں

جب خوشی حد سے بڑھے سے چپکے سے رولیتا ہوں

ہر جگہ بھی خوشی مسّرت کی چڑھی جا رہی ہے

چھاؤں میں غم ہی کی میں چین سے سولیتا ہوں

جب کبھی اُن کو سنوارنے کی طلب ہوتی ہے

ماردو جام میں اشکوں کے برو لیتا ہوں

آج پھر عہدِ گذشتہ نے پکارا مجھ کو

آج پھر نیشِ الم دل میں چھبو لیتا ہوں

گردشِ وقت تیرے دل کی تسلّی کے لیے

انگلیاں اپنے لہو میں ڈبو لیتا ہوں

جو کبھی ایک اشکِ کرم لمحے مری حالت پر

جان کر اپنا اُسے، ساتھ میں ہو لیتا ہوں